Le Secret des Chakras

Les Équilibrer et les Recharger pour Guérir Votre Vie

Anna Meza

Table des matières

« Les couleurs sont des actions de la lumière »

Johann Wolfgang von Goethe

Introduction

Tout d'abord merci d'avoir acheté ce livre, et félicitations ! En effet, cela prouve que vous êtes une personne à l'esprit ouvert, une personne qui ne se contente pas d'une vie banale et ordinaire, ni de ce que lui présentent ses cinq sens. Je me réjouis que vous ayez décidé d'élargir vos horizons au-delà de ce monde « physique » !

Les techniques contenues dans ce livre vous guideront pour ce qui sont peut-être vos premiers pas dans le monde spirituel et amélioreront votre vie **dès aujourd'hui** si vous le souhaitez, en équilibrant vos chakras et votre vie.

En effet, nous allons étudier ensemble une **méthode majeure, simple et efficace** pour équilibrer les chakras, intégrant la sensibilité, les couleurs et la méditation.

Ce livre vous conduira à devenir un être équilibré, une personne accomplie et le maître de votre propre vie, quelqu'un d'indépendant et qui ne quémande pas l'approbation des autres. La méthode enseignée équilibrera vos émotions et votre humeur, ce qui affectera la santé de votre corps tout entier.

Notre corps est un ensemble harmonieux dont chaque partie parle la même langue. Ces différentes parties sont synchronisées et travaillent ensemble harmonieusement.

C'est du moins ce qui est censé se produire quand tout fonctionne bien. C'est une partie de la sagesse naturelle de notre corps. Cette sagesse est tout bonnement incroyable ! Par exemple, saviez-vous que :

- il existe un lien indirect entre toutes les parties de notre corps
- chaque cellule est liée aux autres
- les informations génétiques et générales sont transférées d'une cellule à une autre en même temps
- les cellules de la vie dans le petit orteil contiennent les mêmes informations que les cellules du cerveau

Tout cela est rendu possible grâce à des formes subtiles de communication, énergétiques et électromagnétiques notamment.

Les chakras sont une partie d'un magnifique système d'énergie très sophistiqué, qui nous aide à transmettre des informations d'une cellule à l'autre et d'un organe à l'autre.

Ils relient les diverses parties de notre corps et les aident à travailler en coopération.

Ils nous relient aussi à l'univers, à la lumière infinie, à la création et à la Source.

Dans ce livre, vous apprendrez les informations de base les plus importantes sur le système des chakras, sur les raisons pour lesquelles ils peuvent se déséquilibrer, sur les symptômes de ces déséquilibres et sur les problèmes qu'ils peuvent causer dans nos vies. Toutefois, notez que ce livre n'est pas destiné à vous enseigner comment soigner les autres. C'est un livre à usage personnel uniquement.

En utilisant les informations contenues dans ce livre, vous commencerez à bâtir une relation plus directe et plus équilibrée avec vos chakras et à devenir les maîtres de votre énergie.

Vous apprendrez à vous équilibrer quand vous vous sentez déséquilibré et vous aurez à votre disposition un outil toujours accessible.

Ainsi, vous pourrez vous ouvrir à une vie pleine de bonheur, de paix, de tranquillité et d'épanouissement personnel.

C'est tout le bien que je vous souhaite !

Qu'est-ce qu'un chakra ?

Originaire du sanskrit, le mot chakra signifie « roue ». Un chakra est un centre énergétique qui tourne comme une roue. Ce centre énergétique est relié à notre corps physique d'un côté et de l'autre à l'univers, à la création, à la Source. C'est pourquoi c'est un centre, car il reçoit et transmet des fréquences dans les deux directions.

Il est destiné à être en flux constant, tout comme l'eau dans les ruisseaux et les rivières est censée couler en permanence. Le mouvement est essentiel pour les chakras.

Beaucoup de livres ont été écrit et il y a beaucoup de théories sur les chakras. Nous allons voir la philosophie de base.

Il y a 7 chakras dans notre corps. Chacun de ces sept chakras est relié à des organes physiques internes et responsable de certains domaines de notre vie. Chaque chakra gouverne d'autres parties de notre corps et différents domaines de notre vie.

Chacun est lié à tous les autres, l'un influence l'autre et ils travaillent ensemble comme des roues dentées dans une machine. Le mouvement de chacun affecte le mouvement des autres. Chaque chakra contient le potentiel de celui situé au-dessus et le produit de celui situé au-dessous.

Les chakras ont donc un fort lien entre eux. Ils sont également reliés à notre corps énergétique à partir duquel ils recueillent des informations et à qui ils transmettent en retour des informations.

Tout comme notre corps physique est directement affecté par la nourriture que nous consommons et la quantité de sommeil que nous recevons, notre système de chakras et notre corps d'énergie sont affectés directement par les pensées, les sentiments et les croyances.

Vous pouvez également comparer le système des chakras au système de transmission dans un véhicule. Pouvez-vous imaginer un véhicule à cinq vitesses utilisant seulement les première et troisième vitesses tout simplement parce que les autres ne fonctionneraient pas correctement ?

Vous auriez tôt fait de casser le moteur parce que, pour pouvoir accélérer et rouler sans à-coup, il doit y avoir une harmonie entre tous les éléments.

C'est la même chose lors d'une course de relais. Le premier coureur atteint la vitesse nécessaire et remet le témoin au deuxième coureur qui fait sa part et le remet au troisième, etc. Chaque coureur dispose de l'information précise concernant sa partie, quel est son rôle et quelle vitesse il doit atteindre avant de transférer le témoin au coureur suivant.

Bref, ils fonctionnent tous en parfaite harmonie, sans poser de questions. C'est un système harmonieux et bien huilé.

Pour un véhicule, chaque fois que quelque chose se déséquilibre dans la transmission, il est impossible de conduire. En plus de ne pas pouvoir se déplacer, au fil du temps il y a un risque de casse, de surmenage et d'usure prématurée du moteur.

Avec notre système de chakras, c'est exactement la même chose. Aucun chakra ne peut exister sans l'autre, et chacun est également important en soi. Chaque chakra connaît sa part et sait quels organes et quels domaines il doit diriger.

Chacun a besoin de l'autre et ensemble ils fonctionnent comme un système bien huilé et harmonieux, sans accrocs. Comme dans la transmission, chaque chakra est une unité distincte et indépendante mais travaille en coopération avec tous les autres.

Quand nous travaillons sur les chakras, nous allumons le moteur et commençons par le premier chakra, puis nous grimpons graduellement à travers chaque chakra jusqu'au chakra suivant et cela nous permet d'accélérer notre vitesse tout au long du chemin jusqu'à atteindre notre destination finale.

Pris dans son ensemble, la composition de nos 7 chakras forme la matrice du spectre. Ils transmettent les informations à notre aura et en reçoivent en retour. La création de cette structure magnifique nous protège et nous connecte.

Reprenons l'exemple du véhicule, le système des chakras étant la transmission. Le physique, le mental et l'émotionnel sont directement connectés à celui-ci de la même manière que dans le véhicule, la transmission est directement reliée au volant, qui est relié aux roues, qui sont reliées à la transmission à nouveau.

Pour les chakras, l'un alimente l'autre, l'un protège l'autre, l'un permet à l'autre de fonctionner et ensemble ils déplacent le véhicule. C'est toute la beauté de ce système.

Les déséquilibres dans les chakras

Comme nous l'avons dit, tout fonctionne comme un cycle dans lequel l'un alimente l'autre. La transmission n'est pas plus importante que le volant, ni l'inverse, car tout est important.

L'état des chakras est un reflet de notre condition physique, mentale et spirituelle et inversement nos états physiques, émotionnels et mentaux influencent l'état de nos chakras.

Tout comme lorsque nous mangeons une bonne soupe, nous ne goûtons pas chaque épice séparément, mais leur combinaison donne quelque chose de délicieux.

C'est ainsi que les chakras travaillent, en harmonie. Nous ne sentons pas seulement le premier chakra, ou seulement le sixième. Nous sentons l'harmonie magnifique de leur collaboration.

Quand commençons-nous à déguster chaque épice individuellement ? Quand il est très épicé, ou quand nous mettons trop d'épices et que cela couvre toutes les autres saveurs. Quand nous mangeons une telle soupe, nous ne goûtons qu'une seule épice. Nous ne pouvons plus goûter les autres épices. Cet épice est devenu le facteur dominant et il ne laisse aucune place à l'expression des autres.

C'est la même chose avec les chakras. Quand nous commençons à sentir un chakra séparément c'est qu'il y a un problème. Habituellement, nous ressentons un chakra quand il devient hyperactif. Ou en utilisant un terme professionnel - quand il est en excès.

Une fois qu'un chakra est en excès, il peut devenir trop développé et occuper alors trop d'espace. Quand il est déficient, il est trop petit et est à peine perceptible.

Chaque fois qu'il y a un chakra en excès, il doit y en avoir un autre en déficience. Et c'est ce qui arrive quand ils perdent leur équilibre. L'un domine l'autre et le rétrécit. Cela peut arriver à plusieurs chakras simultanément. Certains seront en excès et d'autres en déficience.

Quand il y a un déséquilibre, un excès et des problèmes de déficience, nous le sentons réellement dans notre vie. Dans les domaines de notre vie qui coincent, au niveau physique, nous allons éprouver des maladies et des douleurs. Par exemple, des maux de gorge ou des problèmes au niveau vocal lorsque le chakra de la gorge est en excès ou en carence.

Lorsque les chakras sont trop grands ou trop petits, ils interfèrent avec le flux naturel normal et harmonieux de l'énergie dans tout le corps. Naturellement et en équilibre, le flux d'énergie dans le chakra est censé être fluide, calme, paisible, tournant en cercle dans le sens des aiguilles d'une montre. Il maintient alors sa forme ronde, dans une taille correcte et proportionnelle, et garde sa couleur claire normale.

Quand un chakra est déséquilibré, qu'il est trop grand ou trop petit, le sens de rotation peut changer ou il peut tourner dans la direction opposée. Il peut aussi perdre sa forme circulaire naturelle et sa couleur.

Les conséquences des déséquilibres

Les déséquilibres dans les chakras peuvent causer une longue chaîne de douleurs et de problèmes. En commençant par le corps physique, puis à travers l'émotionnel et au niveau mental.

Plus loin, je passerai en revue chaque chakra en expliquant quel est son rôle et vous verrez que chacun d'eux régit certains organes et processus mentaux, ainsi que des paramètres émotionnels.

Quand un chakra est déséquilibré, il affecte directement les organes sous son contrôle, ainsi que le fonctionnement mental et émotionnel. Par exemple, s'il y a un déséquilibre dans le premier chakra, les implications peuvent être des douleurs et des maladies dans la partie inférieure du corps ainsi que des problèmes émotionnels liés à la terre, à la maison, à la sécurité et plus encore.

Les causes des déséquilibres

Un chakra déséquilibré peut être bloqué, trop gros, trop petit, excessivement irrité ou trop somnolent, immobile ou hyperactif, trop puissant ou trop faible. La clé ici est l'équilibre.

Le déséquilibre des chakras peut résulter d'un problème physique, d'une douleur ou d'une maladie, d'un problème émotionnel non traité, d'un traumatisme, d'une difficulté ou du stress dans notre vie.

Nous sommes un mécanisme, un système corps/esprit et en général la source des déséquilibres est émotionnelle et, seulement plus tard, affecte le corps physique. Mais la source peut être énergétique et atteindre le corps physique.

Puisque les chakras sont au centre entre le physique et le spirituel, ils peuvent être affectés de deux directions différentes, du dehors au dedans, du dedans au dehors.

Le stress, les émotions réprimées, le manque de sommeil, la mauvaise alimentation et de nombreux autres facteurs peuvent affecter notre réseau de chakras et les déséquilibrer.

L'équilibre et son importance

Nous vivons une époque où la conscience qu'il nous faut maintenir un corps physique sain croit rapidement. De plus en plus de personnes se rendent compte de l'importance d'une bonne nutrition, du maintien d'une bonne condition physique, du maintien de l'équilibre émotionnel afin de maintenir l'équilibre général.

Hélas, la majorité de la population n'a pas encore découvert l'importance de maintenir une bonne santé des corps énergétiques et des chakras. Nous ne sommes pas familiers ni conscients de leur existence. La plupart des gens croient que le physique, l'émotionnel et le mental sont tout ce qui existe et, par ignorance, ignorent les parties qui sont réellement les plus importantes pour leur santé à tous les niveaux.

Nous savons déjà comment prendre soin de notre santé physique, délibérément et consciemment. Mais la plupart des gens ne savent pas comment entretenir et prendre soin de leur santé énergétique délibérément et consciemment. Dès que nous apprendrons comment équilibrer et maintenir notre santé énergétique, nos vies seront complètement transformées.

Alors nous pourrons être et rester sur une fréquence plus élevée. Ce qui signifie être plus heureux, plus pacifique, plus accompli et bien sûr, plus sain.

Le lien entre le corps physique et les chakras

Nos chakras sont reliés, au plan physique, au système endocrinien - à notre système hormonal.

Chaque chakra est relié à une autre glande endocrine, grâce à quoi il communique avec l'ensemble de notre corps à travers le système nerveux central et de là aux organes spécifiques, et bien sûr au cerveau, notre processeur d'information ultime. Le plus étonnant est que les populations anciennes ont compris que ce qui relie les activités physiques sont les hormones.

En grec, le mot «hormone» signifie «impulsion». Ils avaient compris que les hormones stimulent les processus dans le corps. Et ils avaient compris la relation profonde entre le corps et l'âme, et entre les énergies et les processus hormonaux dans le corps. Cette information existe partout dans le monde, dans toutes les cultures anciennes.

Les chakras sont responsables de différentes fonctions et organes dans le corps, certains partagent des parties du corps et les gouvernent ensemble. La plupart des chakras, à l'exception du premier et du dernier, sont divisés en sections avant et arrière et créent un mouvement entre l'avant et l'arrière sous la forme d'un 8.

L'énergie doit constamment couler en un agréable mouvement uniformisé et harmonieux. Nos chakras reçoivent 21 fréquences lumineuses de l'univers qui se dispersent à travers elles sous forme de couleur.

Voyons maintenant en détail chaque chakra.

Premier chakra : le chakra racine

Couleur : rouge

Emplacement : à proximité du périnée, entre les organes sexuels et l'anus.

Mots-clés : stabilité, enracinement, volonté physique fondamentale pour l'existence et la survie.

Sur les plans émotionnel et énergétique : Notre connexion en tant qu'humains au monde matériel est faite par le premier chakra. C'est la base du bon fonctionnement des autres chakras et de l'existence humaine. Il contient toutes nos passions et nos besoins vitaux de survie : stabilité, sécurité, nourriture, abri.

Il est responsable de notre expérience existentielle, de notre connexion à la terre, à la matière, au plan physique. La majorité des questions qui se posent autour de ce chakra sont liées à la survie.

Il est lié à toute expérience dans laquelle notre survie est menacée, toute expérience qui a suscité une émotion de peur de la mort. Il reflète mon choix d'être ici dans le corps, d'être vivant, le désir existentiel.

C'est l'endroit à partir duquel nous réagissons spontanément, notre capacité à gagner de l'argent, à manger sain et équilibré pour notre corps. Ce chakra a également un impact sur la fertilité, sur la continuité de la génération à partir d'un état de survie.

Lorsque le chakra racine est ouvert et agit harmonieusement, nous ressentons un lien profond avec la terre et les autres formes de vie dans la nature. Nous nous sentons alors plein de vie et d'intérêt pour la vie, nous avons un sentiment de stabilité, de satisfaction et une plus grande force intérieure. Nous sentons que nous sommes capables de prendre des décisions et de les mettre en œuvre, nous nous sentons énergiques et capables de discernement, et nous possédons une sexualité saine.

Les personnes avec un déséquilibre ou une déficience dans ce chakra éprouvent un manque de vitalité et de vivacité, une déconnexion, sont incapables de faire face à la vie, peuvent être impuissants, rêveur et ressentir un sentiment d'insécurité. Cela entraîne des problèmes de dépendance, de peur ou de prises risque excessives.

Les problèmes avec ce chakra éveillent des craintes, le sentiment de ne pas être à sa place, des problèmes d'indépendance par rapport à sa famille, de dépendance, d'argent, d'avarice, de méfiance, de volonté de contrôle, de sexualité débridée ou de frigidité.

La période critique pour le développement du chakra racine va de l'âge de 1 à 5 ans. La majorité des problèmes avec ce chakra proviendra de traumatismes et d'expériences difficiles dans cette tranche d'âge, mais pas seulement. Les personnes qui souffrent d'un déséquilibre extrême dans ce chakra souffriront d'obsessions et de dépendances, de troubles de l'alimentation et plus encore.

Sur le plan physique : les organes sous son commandement sont le pelvis inférieur, la structure squelettique et la colonne vertébrale, les centres sexuels, les os dans tout le corps et en particulier le sacrum et l'ischium, les os lombaires, le bas du dos et la colonne vertébrale au niveau de la taille, l'articulation de la hanche, les genoux, les chevilles, les dents, les gencives et l'ensemble de la mâchoire, la prostate, les ovaires, la lymphe, la glande surrénale, la vessie, les reins et le gros intestin.

Les maladies physiques liées à ce chakra : douleurs dans toute la colonne vertébrale, scoliose, problèmes en bas du dos, problèmes de vertèbres.

La colonne vertébrale symbolise le sentiment d'aide et de soutien. Si je n'ai aucune foi dans l'univers et ceux qui m'entourent, je vais développer des problèmes de colonne vertébrale, de genoux, d'ischium, de bassin, de chevilles, de talons, de cors, d'inflammation du tendon d'Achille et plus encore.

Les descentes d'organes, l'intestin inférieur, la vessie et l'utérus, les problèmes aux cartilages, aux articulations, l'arthrite et l'ostéoporose, les hémorroïdes, la constipation, la diarrhée.

Pour renforcer ce chakra : porter du rouge et s'en entourer dans son environnement, ses meubles, sa maison, pratiquer l'agriculture et le jardinage, la batterie et la percussion, le mouvement, rechercher la simplicité matérielle au quotidien, la cuisine, le travail sur les traumatismes d'enfance, le renforcement de la confiance en soi, le travail sur l'abondance et les cristaux.

Second chakra : le chakra sexuel

Couleur : orange

Emplacement : quatre doigts au-dessous du cordon ombilical

Mots-clés : flux, honnêteté interne et émotionnelle, empathie, créativité, changement et sexualité.

Sur les plans émotionnel et énergétique : c'est le lieu de nos sentiments intérieurs et leur relation à l'énergie sexuelle. Il est lié à l'écoulement et au mouvement.

Il contrôle l'humeur et déclenche les émotions, et les émotions sont ce qui nous motivent pour l'action. Ce sont les émotions qui sont liées à mon environnement, mes réactions émotionnelles à l'extérieur.

Il est aussi responsable du sens du goût et de l'appétit, étant relié à la nourriture et à la sexualité aussi bien qu'à la relation entre ces deux aspects. Physiquement, il active les sucs digestifs, active les commandes dans le cerveau qui sont liées à la stimulation, à la créativité et au sexe.

Ce chakra est également responsable de nos relations, de notre capacité à nous contenir, de nos réactions face à l'environnement, et à nos aspects masculin et féminin. Il est également associé à la convoitise à tous les niveaux, à l'image de soi, surtout dans le contexte du corps et de la sexualité.

Il est relié à la dynamique entre moi et les autres, à l'image que je perçois de l'environnement et à ma confiance en moi face à l'extérieur.

Les énergies du chakra sexuel sont tirées du chakra de base. Si le chakra de base est correctement nourri, il confère au chakra sexuel les qualités de la sécurité et nous pouvons alors voir l'autre comme un être séparé mais en même temps comme une partie de nous.

Lorsque ce chakra est déséquilibré, il peut provoquer une situation d'indifférence vis-à-vis de l'autre, une tendance à être centré sur soi ou, à l'opposé, une dépendance telle qu'on ne sait pas où le soi se termine et où l'autre commence, et des relations symbiotiques.

Les années critiques du développement de ce chakra vont de 4 à 8 ans, les années au cours desquelles nous découvrons l'être et testons nos limites et nos capacités, et nos sentiments face à notre environnement.

L'honnêteté avec soi-même et ceux qui nous entourent est une des caractéristiques dont ce chakra est en charge. Nous nous sommes tous déjà menti à nous-même, ou avons détourné le regard à certains moments. Cela est une absence d'honnêteté qui est enracinée dans la peur, car nous nous inquiétons du fait qu'en étant honnête, nous pourrions blesser l'autre.

Des critiques répétées envers un enfant, des attentes élevées et irréalistes à son endroit peuvent entraîner chez lui de la malhonnêteté. Il en va de même pour les punitions déraisonnables et extrêmes qui sont susceptibles de conduire l'enfant à trouver refuge dans les mensonges. Une fois qu'un enfant sent qu'il est mis au défi de répondre aux attentes de son environnement, il ressent un manque d'estime de soi et le sentiment d'être négligeable.

Un déséquilibre du second chakra s'exprimera dans la frigidité, le manque de plaisir sexuel, les luttes de pouvoir et le contrôle sexuel, un manque de passion, que ce soit la passion sexuelle ou la passion pour l'accomplissement de soi, un manque de créativité, une fatigue envers la vie, des problèmes d'éjaculation ou d'impuissance, un sentiment de vide constant, un manque de sociabilité et une solitude permanente, un manque de plaisir dans la vie et une incapacité à profiter de la vie.

Sur le plan physique : les parties du corps qu'il domine sont les ovaires, les reins, les voies urinaires, tous les fluides du corps tels que le sang, la lymphe et l'urine, le bas du dos, l'estomac, la rate, le pancréas, le système endocrinien, le système reproducteur et les organes génitaux.

Pour renforcer ce chakra : passer du temps près de l'eau - rivière, étang, mer - mettre une fontaine d'eau dans la cour ou la maison, la méditation avec de l'eau, la sensibilité spirituelle et le travail avec les émotions pour permettre leur expression.

Troisième chakra : le plexus solaire

Couleur : jaune

Emplacement : sous le diaphragme (os du sternum)

Mots-clés : volonté, charisme, raison, logique, persévérance, connaissance du moi (ego)

Sur les plans émotionnel et énergétique : le troisième chakra est le centre de notre pouvoir personnel. C'est à travers ce centre que nous interagissons activement avec les autres et avec le monde physique. Ce chakra est également lié à notre capacité à définir les bonnes frontières pour nous-mêmes, à l'espace personnel que nous occupons dans le monde. Il parle de la façon dont nous « digérons » le monde, de notre présence dans le monde et de notre dialogue avec celui-ci.

Il est lié à la manière dont nous nous projetons – notre image intérieure qui se reflète à travers le charisme, le pouvoir personnel, la personnalité. Ou encore : comment traduire nos expériences, créer notre image du monde et agir en fonction. Notre expression extérieure, comme le soleil, envoie ses rayons sur le monde.

Il est également associé à l'intention, la concentration, la volonté, l'autodiscipline, le respect de soi, la motivation et le charisme, la force et l'endurance, l'action.

La période de développement de ce chakra est comprise entre 8 et 13 ans. À cet âge, l'ego de l'enfant grandit et se développe, le processus d'auto-compréhension commence, il devient plus exigeant, il développe sa sensibilisation aux différentes conventions sociales, son apparence, ses vêtements, sa réussite à l'école, etc.

Il essaie d'être accepté dans la société et commence à comprendre et à considérer les sentiments des autres, à formuler ses propres opinions et à ressentir le besoin de prendre certaines de ses propres décisions.

C'est l'âge auquel l'enfant passe par un processus de changement, où il devient adolescent, où il commence à expérimenter une nouvelle étape d'acceptation des responsabilités, des tâches et des engagements qui commencent à façonner sa personnalité et son respect des attentes sociales.

Lorsque le troisième chakra est équilibré et harmonieux, nous ressentons la paix intérieure et l'harmonie. Nous nous sentons en paix avec nous-mêmes, avec notre rôle dans la vie et avec notre environnement. Nous sommes capable de respecter le caractère et les sentiments des autres. Nous nous sentons énergiques, actifs, assertifs, indépendants et tolérants.

Une conscience équilibrée et saine du troisième chakra permet une connexion à ce qui est bon pour moi, la conscience de ce qu'il me faut, quels sont la manière et le moment précis pour moi d'agir, ma capacité de choisir, le sentiment d 'être chez moi dans le monde et dans l'univers.

Les déséquilibres du troisième chakra se manifestent par un fort désir de contrôler le monde intérieur et le monde extérieur, l'ego sera déséquilibré, le besoin de respect et de reconnaissance sociale sera radical, on n'hésitera pas à « descendre » l'autre afin d'atteindre le statut désiré.

Lorsque ce chakra est déséquilibré, nous pouvons également devenir manipulateur, arrogant et tyrannique dans notre usage du pouvoir. Nous nous sentons insatisfaits. Cette situation peut être causée par un manque d'acceptation pendant l'enfance et l'adolescence menant à une auto-dévaluation et un sentiment d'auto-dévalorisation. Cette situation conduit à l'autocritique. En outre, nous expérimentons le monde comme étant plein d'obstacles impossibles à franchir et nous avons tendance à abandonner plutôt qu'à essayer de satisfaire nos désirs.

S'il y a un excès dans ce chakra, l'inverse peut se produire, nous sentons qu'il n'y a pas d'autre moyen pour nous que de nous imposer dans le monde et prendre le contrôle de tout ce qui nous entoure.

Une personne dont le troisième chakra est déséquilibré sera tourmentée, instable, nerveuse et craintive. Sa capacité de faire face à des situations difficiles est faible, elle ne sait pas faire face aux changements et aux nouvelles expériences, elle préférera se retirer plutôt que d'affronter et de surmonter les obstacles, aura un comportement trop extraverti, se surchargera de travail. Cela engendre l'expression d'un ego malsain et de l'arrogance.

Sur le plan physique : les parties du corps qu'il domine sont le diaphragme, l'estomac, le foie, la vésicule biliaire, la rate et les autres organes du système digestif.

Les problèmes physiques de ce chakra peuvent s'exprimer sous forme d'indigestion, de brûlures d'estomac, de reflux gastrique, de problèmes respiratoires provenant du diaphragme, de douleurs au milieu du dos (région dorsale).

Pour renforcer ce chakra : travailler sur l'image de soi et la confiance en soi, travailler avec la couleur jaune dans ses vêtements et en s'entourant de jaune dans son environnement.

Quatrième chakra : le chakra du cœur

Couleur : vert ou rose

Emplacement : au centre du corps, près du cœur.

Mots-clés : émotion, compassion, douceur, équilibre, amour, dévotion.

Sur les plans émotionnel et énergétique : le chakra du cœur est central. C'est le centre de notre vitalité. C'est le chakra qui relie les trois chakras inférieurs aux chakras supérieurs, c'est donc le cœur de tout le système des chakras. Il relie la terre et l'esprit. Il est le centre de l'amour, la capacité emphatique, le soin des autres, le don et le dévouement, la capacité de guérison physique et de guérison énergétique.

Grâce à son fonctionnement, nous pouvons nous accorder avec une autre personne, la «sentir», la toucher et la laisser nous toucher émotionnellement, spirituellement et même physiquement. Grâce à cette capacité de nous connecter à l'autre, la capacité de nous connecter à l'univers entier et à la puissance divine est activée.

Le chakra du cœur est un centre dans lequel les mots, le son et les images se métamorphosent en sentiments et en émotions. Avec lui, nous sommes capables d'aimer et de vouloir aimer.

Du chakra du cœur, nous dirigeons notre capacité de donner et de recevoir l'amour et nous désirons vivre l'amour inconditionnel, sans l'ego et sans intérêt personnel. Du chakra du cœur provient le désir d'unité physique et tangible, réalisé par l'amour filial - une unité résultant de l'amour de la nature et de l'univers. Le message du chakra du cœur est la connexion à l'amour comme fréquence nourricière, comme énergie de vie.

Il nous aide à changer les choses difficiles, à les rendre plus positives et plus faciles à gérer. Il symbolise l'amour et la croissance à tous les niveaux. Il est en lien avec le sens du toucher et l'excitation émotionnelle, la réception et le don, l'amour, l'étreinte et la chaleur, les relations intimes, les relations de parenté et toute forme d'intimité.

Il permet à un individu de se sentir libre et non soumis à la critique, il rend capable d'ouvrir son cœur facilement. L'influence d'un chakra du cœur ouvert et équilibré sur son environnement est grand et crée de l'interaction avec le chakra du cœur des autres.

Quand le chakra du cœur est déséquilibré, cela s'exprime par l'incapacité pour l'individu de donner et de recevoir, il ressentira le besoin de donner mais puisqu'il ne sait pas recevoir l'amour, il se sentira épuisé physiquement, mentalement et spirituellement.

Lorsque ce chakra est déséquilibré, il nous est difficile d'obtenir des marques d'affection et de soutien et tout type de besoin sera interprété comme de la faiblesse. La difficulté à accepter l'amour est généralement formée pendant l'enfance et l'adolescence, lorsque nous n'avons pas reçu assez d'amour, de respect et d'appréciation de nos parents, ou que nous avons été rejetés émotionnellement par des proches à maintes reprises.

Dès lors, nous nous fermons et prétendons que nous n'avons pas besoin d'amour. Nous éprouverons alors tout au long de notre vie des émotions telles que la séparation, la solitude, la difficulté à donner et à recevoir, la difficulté à ouvrir son cœur, des relations intimes difficiles, de l'amertume.

Sur le plan physique : les parties sous son commandement sont les poumons, la cavité thoracique et le cœur, la circulation, les battements cardiaques, le flux sanguin vers le cœur, le toucher au niveau des mains - les mains sont une extension du cœur.

Pour renforcer ce chakra : la méditation pour ouvrir le cœur, porter du vert ou du rose, utiliser le quartz rose qui est un joyau du cœur.

Cinquième chakra : le chakra de la gorge

Couleur : bleu, bleu turquoise.

Emplacement : au niveau de la gorge

Mots-clés : communication, capacité d'expression, créativité, responsabilité.

Sur les plans émotionnel et énergétique : le chakra de la gorge est le centre de la communication, de l'inspiration humaine et de l'expression. C'est le chakra qui domine le centre de notre communication et d'expression à tous les niveaux, l'expression verbale et créative.

Tous les chakras inférieurs qui expriment le fait que j'existe, que je suis présent, que je ressens et que je suis maintenant, que j'ai l'intention de créer et de me manifester dans le monde, toutes ces expériences sont filtrées à travers le chakra du cœur et s'expriment à travers le chakra de la gorge.

La connexion entre le corps physique et les expériences mentales et émotionnelles s'exprime dans le chakra de la gorge. C'est là que tout sort. Le chakra de la gorge nous donne la capacité de nous exprimer consciemment et clairement. Nous exprimons le rire, les larmes, les sentiments de joie et d'amour.

La signification du chakra de la gorge n'est pas seulement l'expression mais aussi la capacité d'écouter. Il enseigne à ne pas rejeter les idées des autres, même si nous ne les partageons pas. Il enseigne l'acceptation et la tolérance.

L'écoute crée la paix, le calme et même la sécurité. Une fois que nous apprenons à ouvrir nos oreilles externes et internes, nous recevons une profonde connaissance de l'univers. Une fois que nous permettons l'expression de notre voix intérieure, de nouvelles informations sur le «moi» apparaissent.

Le chakra de la gorge est également responsable de notre image de nous-même. Il exprime ce que nous croyons être. Il est le premier des trois chakras supérieurs et est donc en connexion avec le «moi» supérieur, avec l'âme et avec l'esprit.

Le chakra de la gorge a deux niveaux d'expression. Le niveau inférieur de ce chakra exprime le désir de nous épanouir par l'expression de nos talents, de nos désirs, de nos sentiments, de nos opinions, etc. On ressent le besoin de s'exprimer, de faire entendre sa voix et d'être entendu, de transmettre des messages au monde.

À un niveau supérieur, l'expression est liée aux qualités spirituelles de la personne, elle est utilisée dans l'examen de soi-même et des autres, elle suscite le désir de se poser de nouvelles questions sur soi-même, sur les autres et sur le monde afin de comprendre profondément les choses et de ne pas se contenter de les accepter de manière superficielle et évidente.

Le chakra de la gorge renforce le sens de la responsabilité en nous. Cela se reflète dans le fait de prendre la responsabilité de sa vie personnelle et de son développement personnel.

La communication est l'un des aspects principaux du chakra de la gorge et est également construite sur deux niveaux, haut et bas, communication interne et communication externe.

La communication interne permet la communication avec notre corps physique. Quand on n'écoute pas son corps et qu'on ne le nourrit pas correctement, qu'on l'use en quelque sorte, le corps réagira d'une certaine façon : des douleurs, des blessures ou la maladie.

La communication externe conduit à une communication positive avec notre entourage et au fait de prendre la responsabilité de ce qui nous arrive, en nous et autour de nous, sans avoir à blâmer notre environnement.

La communication permet la prise de conscience. Elle nous prouve, sous une forme claire, la puissance du mot et nous aide à comprendre le pouvoir de la pensée.

La conscience du pouvoir de la pensée et la compréhension qu'une pensée est une force énergétique active et claire nous conduisent à la forme supérieure de communication du chakra de la gorge.

Un des mots-clés du chakra de la gorge est la *vérité universelle* qui existe en nous tous.

L'âge du développement du chakra de la gorge va de 16 à 21 ans. Pendant cette période se produit la plus grande part de l'apprentissage conscient et l'adolescent prend la responsabilité de sa vie.

Il commence à réfléchir sérieusement à l'avenir et à combiner ses compétences et ses aspirations pour vivre confortablement physiquement et émotionnellement. Il est plus conscient et plus impliqué au sujet de ce qui se passe autour de lui, ce qui se produit dans le monde n'est plus un événement éloigné mais un événement qui éveille et qui nous implique.

L'individualité de l'adolescent est testée socialement, mentalement et aussi en rapport avec les conditions et l'économie. Il peut répondre aux attentes de ses parents et de son environnement, abandonnant souvent son intégrité envers lui-même.

Cela peut provoquer en lui une forte déconnexion avec la communication interne. Pour définir ses aspirations réelles, il doit être conscient de lui-même et même comprendre son rôle dans l'univers.

Lorsque le chakra de la gorge est équilibré, la personne est capable d'exprimer ses pensées, ses désirs, ses opinions et sa connaissance intérieure avec clarté. La personne aura la capacité d'exprimer sa personnalité dans chaque domaine - étude, travail, société, dans le cercle familial.

Dans un état équilibré, la personne se sentira confiante et elle ne craindra pas d'exposer ses faiblesses aux autres. Elle sera déterminée et consciente d'elle-même, elle pourra reconnaître ses faiblesses, ses talents et ses qualités. Elle aura l'intégrité et l'honnêteté.

Un chakra de la gorge ouvert donne une personne heureuse et à l'expression heureuse, qui aura la confiance et la conviction d'être connectée à la connaissance cosmique et à la compréhension la plus profonde, elle saura que les choses sont beaucoup plus qu'elles ne semblent être en surface, elle verra plus loin que le matériau et la forme.

Un chakra de la gorge déséquilibré se traduira par une difficulté d'expression de soi, un manque d'écoute du corps et de ses propres besoins naturels, un déséquilibre entre les pensées et les émotions, un manque d'expression réelle et vraie des sentiments, des sensations et des besoins ressentis intérieurement.

La personne aura du mal à dire à une autre personne ce qu'elle ressent et ce qu'elle veut, par crainte du rejet. En raison de la difficulté à exprimer des émotions, la personne pourra devenir amère ou avoir des explosions émotionnelles.

Le déséquilibre du chakra de la gorge entraîne souvent un manque de confiance en soi, une faible estime de soi et une autocritique constante. Lorsque ce chakra est bloqué, il crée un manque de conscience de soi, et par conséquent de conscience sur l'univers.

La personne s'abstiendra de prendre la responsabilité de sa personne et de ceux qui l'entourent, se sentira rejetée et éprouvera un désir de s'échapper dès qu'on lui confiera un rôle particulier. Parfois, le déséquilibre sera exprimé de façon loquace et à travers un besoin de « donner de la voix » et d'être entendu afin d'attirer l'attention.

Sur le plan physique : les parties sous son commandement sont la thyroïde, la gorge, le cou. Sur le plan physique, le déséquilibre peut être exprimé sous forme d'enrouement, de perte de voix, de verrues vocales, de problèmes de thyroïde, de goitre, d'épisodes de suffocation, de douleur dans les vertèbres et le cou, de flegme dans la gorge, de maux de gorge.

Pour renforcer ce chakra : les vêtements bleus, le travail avec la voix, les mantras, les prières, la conscience des mots et de leurs significations, les affirmations positives, le travail avec nos voix intérieures pour les écouter et les laisser nous guider.

Sixième chakra : le chakra du troisième œil

Couleur : indigo.

Emplacement : centre du front, entre les yeux.

Mots-clés : inspiration, spiritualité, conscience, intégrité, conscience existentielle, communication super-sensorielle.

Sur les plans émotionnel et énergétique : le sixième chakra est le chakra qui relie la personne à son intuition, à la subconscience, à la capacité de comprendre les intuitions cosmiques et de recevoir des messages non verbaux.

Il est responsable de l'équilibre entre l'intuition, l'émotion et le mysticisme, entre la raison et la logique.

Ce chakra éveille notre sens de la perfection, de l'harmonie parfaite avec l'univers et avant tout avec nous-mêmes.

La personne apprend à coexister avec les forces de travail de l'univers et comprend qu'elle n'est pas seule mais qu'elle fait partie de ces forces grâce à l'âme qui se trouve en elle. Ce chakra représente la vision psychique, le savoir intérieur intuitif et la possibilité de capter l'information que nous recevons de l'univers.

Nous pouvons voir la réalité de manière nette et pure ou avec nos propres yeux et notre subjectivité, notre propre film intérieur étant alors projeté à travers nos modèles, notre conditionnement, nos croyances, nos sentiments et nos attentes.

Le troisième œil représente une grande partie de notre chemin spirituel, la capacité de voir clairement la vérité supérieure de toute chose et non uniquement notre petite et étroite vérité. La capacité de voir est liée à la réception alimentée et assistée par les sens et les émotions pour débloquer et recevoir les signes et les messages. Ce chakra est lié à l'intuition et au sixième sens, à la communication psychique.

Il ne concerne pas uniquement les choses mystiques ou spirituellement très élevées. Il concerne des choses qui sont du domaine ordinaire et commun. Toute personne née dans un corps et qui possède des chakras a également ce chakra et la capacité et le potentiel d'être connecté à chaque moment à son intuition.

C'est un type de connexion supérieur à la réalité. Nous percevons les messages de l'univers à travers nos sens, nos pensées, nos sentiments et nos émotions.

C'est aussi le chakra qui se rapporte à la confiance dans l'univers,dans la création, dans notre capacité à rester connecté et à être nourri par l'univers et par la création, dans notre capacité de compter sur l'univers et de savoir que nous avons toujours un soutien venu d'en-haut. Il est associé à la canalisation, à la communication avec le moi supérieur et avec la création. Ce chakra parle de rêves et d'interprétation de rêves.

Il est aussi lié à la capacité de s'exprimer et de vivre une existence bien remplie, à la capacité de créer une vision et de la suivre, à la foi dans sa capacité à créer des changements, à mettre en œuvre des idées, à faire de l'échec un avantage et à apprendre. Il est associé à la capacité de voir et de recevoir une perspective plus élevée sur une situation donnée.

Lorsque ce chakra est déséquilibré, une personne peut expérimenter la vie par le biais de son intellect et de sa raison. Les philosophies spirituelles lui sembleront déraisonnables et il aura besoin d'une preuve claire et logique ou du besoin de voir et de toucher afin de comprendre et de ressentir.

Le déséquilibre de ce chakra s'exprimera aussi par le manque de compréhension des messages qui sont reçus par intuition, l'insécurité et la peur de l'avenir, l'indécision et l'irritabilité, le stress et le cynisme.

Sur le plan physique : les yeux, le front, le cerveau et la tête entière, la glande pinéale dans le cerveau (responsable du centre de réception intuitive), le tronc cérébral, les oreilles. Les problèmes graves dans ce chakra occasionnent des problèmes personnels qui faussent la perception de la réalité tels que la schizophrénie, les angoisses et les dépressions.

Problèmes additionnels : maux de tête, douleur entre les tempes, faiblesse de la vision en général et faiblesse de la vision due à la fatigue.

Pour renforcer ce chakra : méditation, connexion à l'univers et création de quelque manière que ce soit : musique, mouvement, prière. Expansion de la conscience, de la vision générale. Laisser aller sa vision personnelle et ses préjugés et chercher une réalité supérieure. Chercher à voir la réalité telle qu'elle est, sans interprétations. Travaillez avec les rêves, travaillez avec la vision psychique et apprendre à voir les auras.

Septième chakra : le chakra de la couronne

Couleur : violet ou blanc et or.

Emplacement : au sommet du crâne et au-delà.

Mots-clés : la spiritualité et la sagesse, l'essence du pur et de l'éternel.

Sur les plans émotionnel et énergétique : le chakra de la couronne est le centre de la perfection humaine. Il fournit un bassin de connaissances infinies.

Depuis la naissance, nous expérimentons la vie comme un voyage sur la terre, à travers le chakra de la couronne, nous permettons à la lumière et à l'amour cosmique de pénétrer à travers nous et d'illuminer nos corps, nos âmes et nos esprits, par le pouvoir guérisseur de la lumière et de l'amour.

La lumière et l'énergie qui entrent par le chakra de la couronne remplissent le reste des chakras d'énergie et les relient au canal cosmique éternel. Le chakra de la couronne symbolise l'illumination et nous relie aux plus hauts niveaux de conscience et de spiritualité, nous reliant à l'information divine.

Du chakra de la couronne, nous apprenons à nous accepter pleinement comme une partie énergétique inséparable de l'univers. Ce chakra est également associé avec le sens de l'empathie, la considération, l'autorité de l'unicité, la connaissance, en nous donnant des outils et la capacité à nous encourager.

Il représente l'expérience de l'Un, de l'unité avec le tout, de l'un avec Dieu, le « j'existe », « je suis » au centre de l'univers. Il parle de notre lien divin, le divin en nous, et de notre étincelle qui est liée avec les étincelles des autres, de tous.

C'est le lieu de la rencontre avec chacun et en même temps, c'est comme s'il n'y avait personne. Dans le même temps, je suis moi, je suis séparé et je suis également connecté. Être séparé sans se sentir seul. C'est une expérience spirituelle suprême que peu de gens ressentent dans la vie quotidienne. Pour atteindre cette expérience, vous devez vous entraîner avec foi et dévotion.

Ce chakra parle du choix de s'abandonner. Il apporte une large connaissance du lien entre tous, à l'image d'internet. La conscience que tout ce que je fais affecte tout le monde parce que je fais partie du tout.

Émotionnellement, ce chakra nous invite à la gratitude et au bonheur, à la vivacité et à la vitalité, à la paix, à la sérénité et à la tranquillité. C'est tout ce à quoi nous aspirons. C'est le lieu d'où nous tirons la force, le soutien, la profondeur, le niveau spirituel le plus pur, la connexion à la source et au but.

Lorsque le chakra de la couronne est déséquilibré, la personne se sentira sans but, confuse, sans paix avec elle-même. Elle pourra se sentir hors de la vie, en manque d'harmonie avec sa vie et son environnement.

Elle pourra se sentir sans sécurité avec elle-même et avec l'univers, ou sentir que la vie travaille contre elle et elle ne sera pas capable de comprendre le sens suprême de la vie sur Terre, et le fait que nous avons choisi cette vie parce que c'est une expérience.

Sur le plan physique : impact sur le fonctionnement du cerveau et du système nerveux central, du thalamus et de l'hypothalamus.

Pour renforcer ce chakra : travailler avec une conscience plus élevée par rapport à la création et à l'univers, la méditation, travailler avec confiance et dévotion.

***

Lorsque tous les chakras sont équilibrés et en harmonie, nous pouvons être équilibrés, heureux, toutes les fonctions vitales sont ouvertes et s'écoulent harmonieusement. Nous sommes satisfaits et comblés. Sur le plan physique, nous sommes en bonne santé et n'avons aucune douleur et aucune maladie.

Certes, cela semble idéal, même utopique, mais c'est notre objectif et c'est là ou nous devons aller. Notre vie sur Terre est un voyage qui conduit à cet idéal.

Identifier les chakras déficients

Si vous savez ou pensez que vous avez un problème dans un domaine régit par un chakra, alors c'est qu'il a besoin de renforcement, d'équilibrage et d'attention.

Si par exemple vous êtes à la recherche d'un logement et que vous n'arrivez pas à en trouver un, même après une longue période, ou que vous rencontrez des problèmes avec votre logement, que vous êtes obligé de le quitter, en êtes expulsé ou qu'il est saisi, votre premier chakra a besoin de renforcement .

Si vous vous sentez asexué, que vous manquez de passion sexuelle ou avez un désir excessif et que vous voulez du sexe tout le temps, alors votre deuxième chakra peut avoir besoin d'équilibrage.

Si vous vous sentez déprimé, que vous manquez de vitalité et de joie, votre chakra cardiaque doit être renforcé. Examinez donc la description des chakras et voyez ce qui se reflète dans votre vie. Prenez des notes et remarquez les zones qui ont besoin d'équilibrage, de renforcement ou d'ajustement.

Comment équilibrer les chakras

Puisque les chakras sont un système d'énergie qui est lié à notre conscience, nous pouvons, en utilisant la concentration et l'intention, les affecter. Puisqu'ils réagissent à nos pensées, nos émotions, et notre volonté, nous pouvons choisir de les équilibrer.

Il existe plusieurs façons d'équilibrer les chakras. Vous pouvez chercher un aide extérieure, par exemple le biofeedback, le Reiki ou l'acupuncture chinoise, ou le faire vous-même.

Pour cela, il existe de nombreux moyens : travailler avec la conscience et l'intention, la méditation, les couleurs et l'étude des sujets en rapport avec les chakras.

Nous allons maintenant voir une méthode très efficace basée sur la méditation, qui utilise le pouvoir des couleurs et du mouvement.

La méditation des 7 couleurs

Il y a une méditation simple et agréable que j'utilise pour équilibrer les chakras. Plus vous la pratiquerez, plus vous la trouverez enrichissante.

Je l'ai appelé la « méditation des 7 couleurs ».

Le principe est simple : nous nous concentrons sur chaque chakra individuellement et l'infusons avec le mouvement et la couleur, tout simplement en utilisant notre intention.

Le mouvement qui insère l'énergie de l'univers dans notre chakra est un mouvement qui tourne dans le sens des aiguilles d'une montre, et le mouvement qui se déplace et transmet de l'énergie vers l'extérieur, du chakra vers l'univers, tourne dans le sens contraire des aiguilles d'une montre. Quand nous voulons équilibrer et remplir nos différents corps d'une énergie universelle renouvelée, nous allons imaginer un mouvement dans le sens des aiguilles d'une montre, puis passer dans le sens contraire. C'est un peu comme lorsque nous faisons de l'exercice et déplaçons notre corps d'un côté et de l'autre, parce qu'un mouvement fluide ne va pas seulement dans une direction, mais dans les deux sens.

Nous voulons ici éveiller et dérouiller les « charnières » des chakras puis, après avoir lubrifié la charnière, tout comme la charnière d'une porte, nous l'ouvrons et la fermons pour nous assurer qu'elle ne coince pas, dans les deux sens.

Maintenant, passons à la pratique.

Nous commençons la méditation **de bas en haut**, du premier chakra, le chakra racine, et progressivement sur chacun des suivants.

Souvenez-vous que le système des chakras est comme une roue dentée ou le système de transmission d'un véhicule. Nous commençons à conduire en première vitesse et seulement alors nous pouvons accélérer et passer en deuxième, puis en troisième, etc.

Donc nous commençons par **envoyer de la lumière rouge** au premier chakra et **le faire tourner**, avec notre imagination, dans le sens des aiguilles d'une montre, dans la zone entière qu'il domine : le pelvis, le bas du dos et les jambes.

Dans le premier chakra, nous imaginons et voyons la couleur rouge, brillante et riche en couleurs. Pensez et sentez-vous rouge. Faites tourner la couleur rouge en cercles entiers sur toute sa surface, **11 cercles dans le sens horaire**, puis changez de direction et faites tourner cette lumière rouge **11 fois dans le sens inverse** des aiguilles d'une montre.

Une fois que vous avez terminé, passez au deuxième chakra et faites de même avec sa couleur, le orange. **Déplacez-vous** ainsi en remontant, chakra après chakra, en les stimulant, en déplaçant l'énergie des deux côtés avec la couleur correspondante, en les fortifiant et en les équilibrant, jusqu'au chakra de la couronne, le dernier chakra au sommet de votre tête.

Afin de vous aider à vous concentrer au mieux, à visualiser et à sentir le chakra plus facilement, vous pouvez, et c'est recommandé, **mettre vos mains** sur la région physique du chakra.

Les chakras se dilatent et se propagent d'au moins 10 cm du centre à la circonférence, et lorsqu'on travaillent avec eux, ils se dilatent encore plus et leur couleur devient de plus en plus claire, propre, lumineuse, presque éblouissante.

Lorsque vous atteignez le chakra de la couronne, **imaginez** une lumière violette qui descend de la source, de la création, de l'univers, de la lumière éternelle, ou comme vous voulez l'appeler.

Imaginez-vous **baigner** dans une pluie de lumière qui brille dans chaque cellule de votre corps, vous remplissant de sérénité, de paix, de joie, de gratitude, de plénitude et d'amour inconditionnel.

Reposez-vous dans ce sentiment et profitez-en tant que vous vous sentez bien.

Résumé

1. **Passez en revue les informations** et le détail des chakras et prenez des notes : quels sont les domaines dans votre vie qui ont besoin d'équilibrage et de renforcement, et les chakras que vous souhaitez travailler.
2. **Entourez-vous de la couleur du chakra** que vous souhaitez équilibrer et renforcer dans votre vie quotidienne. Apportez sa couleur dans votre vie.
Par exemple : portez des vêtements de cette couleur, faites entrer cette couleur dans votre maison et dans votre chambre - dans les tissus, les oreillers, les images, la couleur du mur -, achetez des fleurs de cette couleur.
3. **Prenez conscience des objectifs du chakra**, traitez les émotions et les questions liées au chakra.
Par exemple : si vous êtes anxieux par rapport à vos finances, travaillez sur l'anxiété et augmentez votre conscience par rapport à l'argent, préparez votre travail.
4. **Pratiquez la méditation** des 7 couleurs plusieurs fois par semaine régulièrement et continuellement pendant une période minimale d'un mois.

C'est tout !

Conclusion

Commencez par la pratique de cette méditation simple mais puissante, et quand vous en sortez, **notez** comment vous vous sentez. Elle doit vous permettre de ressentir une sorte de chaleur agréable dans le corps et l'esprit, apportant la tranquillité des pensées.

Pratiquez **le plus souvent possible**. **Commencez la journée** avec elle, vous éprouverez un grand plaisir. Sa pratique est très agréable :-)

Au-delà de la méditation, une fois que vous commencez à pratiquer la formule décrite ci-dessus, qui combine la pratique de la conscience avec la méditation et les couleurs, vous voyez votre vie se transformer, vos habitudes changent, la vitalité de vos corps physique et émotionnel s'améliore.

Vos points faibles, que vous aviez l'habitude de refréner, sont soudainement moins difficile à gérer et moins intimidants. Vous ne craignez pas de leur faire face, cela devient plus naturel et plus facile.

Vous vous sentez comme si vos roues dentées avaient été lubrifiées. Rien ne grince ni ne craque. Tout coule en harmonie et dans un mouvement continuel, vous apportant la paix que vous désirez ainsi et que les résultats souhaités dans votre vie. Et surtout, vous cessez de vous sentir comme si vous étiez une victime de la situation et de la vie et vous récupérez la capacité d'influencer votre vie.

Je vous ai donné ici un outil pour l'équilibre de soi, puissant et efficace, maintenant tout ce qui vous reste à faire est de **pratiquer**. Faites-vous ce cadeau, vous ne le regretterez pas. Il ne suffit pas de garder cela comme connaissance purement mentale, il faut agir !

Merci

Avant de vous quitter, je veux vous remercier pour avoir téléchargé et lu ce livre.

J'espère qu'il vous a plu et qu'il vous aura été utile.

Si c'est le cas, pourriez-vous prendre quelques instants afin de laisser un commentaire sur Amazon ?

Cela est très important pour nous, auteurs indépendants, et cela vous permet également de témoigner et de partager votre expérience de lecture.

Merci :-)

Du même auteur :

<u>Se reconnecter au Moi Supérieur: Écouter sa voix intérieure pour être guidé et protégé en permanence</u>

<u>Guérir son aura pour équilibrer sa vie: De l'importance d'une bonne aura</u>

<u>Créez La Vie De Vos Rêves: La Loi d'Attraction En Pratique</u>

Printed by Amazon Italia Logistica S.r.l.
Torrazza Piemonte (TO), Italy

18541305R00037